成为你自己

15位世界杰出女艺术家

[英]卡丽·赫伯特 著

孟 彤 译

中国友谊出版公司

致我的女儿内尔

WE
ARE
ARTISTS

目　录

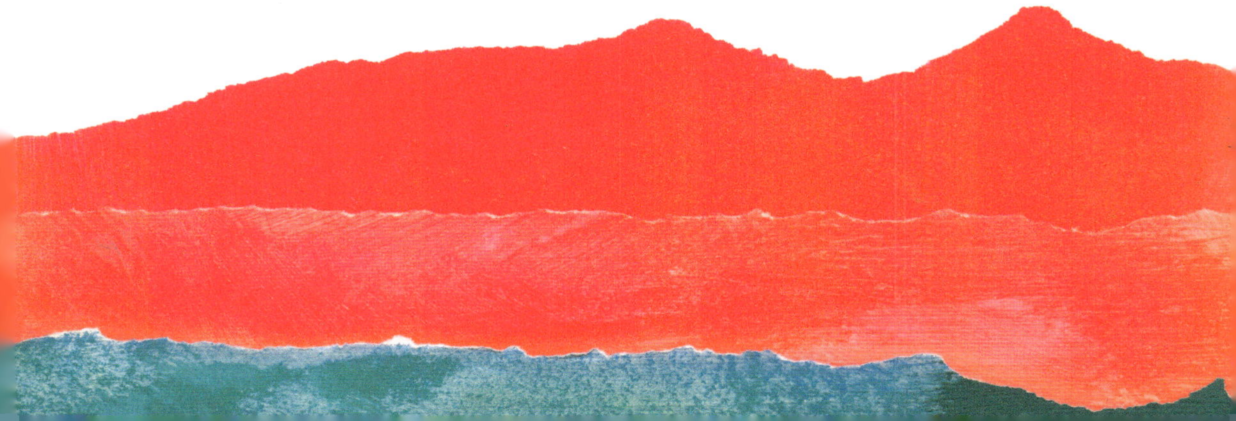

"我们是艺术家" 宣言

你想成为一位伟大的艺术家吗?

那么,

拿起一支钢笔或者毛刷,

其实什么工具并不重要,

相信你自己,放飞你的想象力,

鼓足勇气,昂首挺胸。

现在,

开始作画吧!

要记得,

艺术可没有什么条条框框,

你很了不起,

你可以创造一切!

前　言

艺术家拥有不可思议的创造力。他们使用的材料包罗万象：油彩、炭条、电线、画纸、碎玻璃、报纸、照片、纱线、布料，甚至通心粉等物品。他们选择的题材也不拘一格：既有寻常景色和蔬果绿植，也有流行时尚和天下奇观；既有目不暇接的几何图形，也有含情脉脉的人物肖像。

这本书讲述了15位世界各地杰出的女性艺术家。数千年来，她们的绘画和雕塑作品为世界留下了丰富的财富。地球各个角落——冰川、沙漠、雨林、山脉——都有她们创作的身影。在她们当中，有人开创了先锋艺术，有人变革了材料的使用方式，有人用艺术表达新的观念，勇敢挑战常规。然而，即使她们的技巧很娴熟，风格很大胆，天资很出众，在艺术的道路上也并不都是一帆风顺的。

这些女性艺术家都曾跨越重重障碍成为佼佼者，赢得了业内人士的尊重。她们几乎都遭遇过挫折，其中有些人坚强地与病魔做斗争，有些人则被迫雪藏自己的画作以躲避牢狱之灾。但不论境遇如何，她们都从未停止过创作。

艺术是艺术家的语言，是她们表达思想、创意和情感的方式。不须附以文字，艺术就能直抵人们内心深处。不论我们生长在什么国家、说哪种语言，艺术总能把我们的情感连在一起。艺术，就是有如此大的力量。

因篇幅有限，本书只收录了15位艺术家。我也很想写写其他人，要知道，还有一大批女性艺术家有待我们去发现。她们才华横溢，令人钦佩，用再多的篇章也讲不完！

你也想成为一名伟大的艺术家吗？在这本书中，你或许能找到你的艺术之门——在这个时代，下一位脱颖而出的艺术家很可能就是你。既然想创作，那就动手开始吧。最初，尝试的结果可能并不完美，但你要知道，你所付出的一切努力都将成为人生旅程中的宝贵经验。即便是最伟大的艺术家，在最开始时也是摸着石头过河。请牢记，创造力没有性别之分，你就是独一无二的。

卡丽·赫伯特

Kenojuak Ashevak
肯胡克·阿什瓦克

我是猫头鹰，一只快乐的猫头鹰。
在那幸福之光中，我快乐地跳起舞来。

肯胡克·阿什瓦克

快乐的猫头鹰

兽皮帐篷外，狂风正呼啸不止。一股疾风吹开挡风的海豹皮钻进帐篷里，把鲸脂灯吹得摇曳不止。一缕发丝拂过肯胡克的面颊，她仍然全神贯注，铅笔在纸上划出沙沙的声音。这是她生平第一次使用铅笔，也是第一次见到外来的纸。她思索着：这和雪鸟的蛋壳一样薄……

一个生动的形象跃然纸上。这幅画神秘优美，超凡脱俗。她小心翼翼地把画塞进阿莫提皮袍[1]，迈步离开帐篷。积雪被踩得嘎吱作响，皮袍渗进了阵阵寒气。漫漫冬夜很快就会结束，地平线上闪耀着机遇和生机，太阳升起时，她的世界将再度洒满光明。

---

1 加拿大北部因纽特妇女穿的皮袍。

《守护者猫头鹰》，1997年

　　在加拿大巴芬岛南部有片叫伊基拉萨克（Ikirasaq）的营地，肯胡克·阿什瓦克在那儿的一座冰屋里出生。父亲是猎人，同时也贩卖皮毛，但他在肯胡克很小的时候就被杀害了。母亲和祖母教肯胡克如何生存，夏天采集浆果和野鸭蛋，冬天去冰河钓鱼。她们三人相依为命，追随着祖先的足迹，游走在各个营地之间。她们在海豹皮上贴布绣[1]，制成皮包或工艺品后拿去售卖，然后用得来的钱买食物。

1　也称补花绣，是一种将其他布料剪贴并缝在服饰上的刺绣形式。

肯胡克在与第一任丈夫约翰尼博（Johnniebo）组建家庭后没多久，就患上了肺结核，住进魁北克市的医院。就这样，她与心爱的丈夫和孩子分别了三年之久，其间，当中的两个孩子因为吃了腐坏的海象肉而不幸夭折。"我感觉心头的肉被剜掉了一块。"肯胡克回忆道，"那个消息简直让我生不如死。"后来，她的健康状况得到了好转，最终获准与家人团聚。

1966年，为了能让孩子们有学上，肯胡克和约翰尼博搬到了一个相对现代化的村庄——金盖特（Kinngait）。白人在那里盖了许多木屋，但大多数因纽特人仍然住在兽皮帐篷里。村里的人在动物的骨头上雕刻图画，并制作成工艺品，但他们不会画油画和素描。直到詹姆斯·休斯敦（James Houston）和阿尔玛·休斯敦（Alma Houston）来到这里，一切才发生了变化。

休斯敦夫妇看到这里的妇女制作的工艺品，很感兴趣，便问肯胡克能否将其中的设计元素运用到现代艺术中。起初肯胡克没明白休斯敦夫妇的意思，她不懂什么叫作"艺术"。于是，休斯敦夫妇拿来铅笔和纸，让她随便画点什么。肯胡克画了一只正在吃海草的兔子。

夫妇二人被肯胡克的画作吸引了，其他人也对这幅画称赞有加。没过多久，肯胡克的画就被制成了版画。起初，肯胡克请一个猎人为她的版画切割石板，因为猎人经常投掷鱼叉，练就了结实的手腕。但后来，肯胡克决定自己来做这件事，因为她知道，猎人更愿意把时间花在打猎上。虽然日子过得越来越好，但肯胡克和她的家人、朋友从未忘记过去的时光——在没逮到猎物的日子里，就要忍受饥饿和寒冷。

肯胡克的版画被销往世界各地，从巴黎到东京，都是她闻所未闻的地方。她尝试了所有能找到的绘画材料，包括广告颜料、签字笔、水彩、墨水和蜡笔。她尤其钟爱蜡笔，因为它有一种独特的香味。肯胡克和因纽特的艺术家们建立了一个艺术工作室，激励其他同胞也拿起画笔创作。今天，这个工作室已经成为世界上最高产的因纽特艺术中心。

肯胡克因勤奋和独立的品质，被誉为"因纽特现代艺术先锋"。晚年，肯胡克走遍全球，在世界各地办展览。但她并没有把名誉看得很重，对她来说，家乡、亲人和艺术创作比名誉更重要。

《六部和声》，2011 年

　　肯胡克的生活并不容易，她的11个孩子中只有5个活了下来。她曾说："我所拥有的恩赐，就是可以用我的画来养育孩子，这些画不仅是艺术，更是我和我的家人生活中不可或缺的一部分。"

　　晚年的肯胡克经常会梦到她第一次拿起画笔的场景。这时，她已经不用再住兽皮帐篷了。她躺在温馨的房间里，用铅笔和签字笔描绘脑海中浮现的一切。她画广袤土地上的鸟兽精灵，它们呼唤着她的心，引导着她的手。她和所有生灵都心有灵犀，正如她自己所说："我是一只快乐的猫头鹰。"

Barbara Hepworth

芭芭拉·赫普沃斯

我是雕塑家，是风景，
是形状、空心、推力和轮廓。

芭芭拉·赫普沃斯
美丽的思想

芭芭拉的面前，耸立着一块棱角分明的大理石，经柔的晨光掠过它的表面。巨石在芭芭拉的目光中似乎有了生命。在脚手架上，芭芭拉一边绕着巨石踱步，一边用手掌轻轻抚过石面。她拿起一把短而平的大凿子，掂了掂，然后再拿起锤子。锤子一下一下凿在石头上，伴着金属的声音唱起歌来。

芭芭拉和大理石的故事才刚刚开始，她要花好几个月的时间来完成她的雕塑。她精雕细琢，不遗余力地打磨粗糙的石头，直至其变得光滑、细腻。好些人都说她不够强壮，成不了雕塑家，女人驾驭不了大石头。芭芭拉则用实际行动证明他们都错了。

在芭芭拉的早年记忆里，充满着各种各样的形状和纹理。她在英格兰北部的煤矿区中心城市韦克菲尔德长大，父亲是约克郡的一名测量员。年少的芭芭拉一有机会，就随父亲到约克郡的各处玩。透过车窗，她看到风景徐徐展开：起伏的山丘和山谷渐次流动，山间的道路像是精心绘制成的，景象如此和谐。芭芭拉想，如果能把这片风景握在手心，会是什么感觉呢？

1920 年，芭芭拉进入利兹艺术学校学习，她想在石头上重现记忆中的风景。同学们大多喜欢传统的方法，即用黏土做模型，然后花钱请石匠来制作他们的雕塑作品。

芭芭拉跟他们不一样，她享受亲手雕刻作品的过程，她觉得雕刻时那有节奏的动作就像心跳和脉搏一样。她自豪地说："我们约克郡的人，可不怕什么体力活。"

只有一位同学明白芭芭拉对雕刻的迷恋，那就是她的朋友亨利·摩尔（Henry Moore）。他们一起探索石头的秘密，展示其中的魔法。后来，他们两人创造了一种前所未有的雕塑形式。

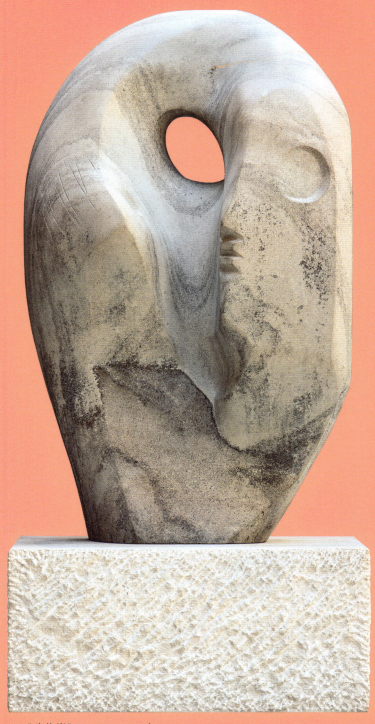

《生物岩》，1948—1949 年

他们的雕塑表面光滑，线条流畅，几乎与约克郡的风景融为一体。大学毕业后，芭芭拉继续她的雕塑事业。她搬到了意大利，向雕刻大师乔瓦尼·阿尔迪尼（Giovanni Ardini）学手艺。她从文艺复兴时期意大利雕塑大师的作品中寻找灵感，很快便开始创作比她本人高得多的巨型雕塑。

1939年，第二次世界大战爆发，芭芭拉与她的第二任丈夫、画家本·尼科尔森（Ben Nicholson）搬到康沃尔郡美丽的海滨城市圣艾夫斯居住。他们邀请先锋艺术家们到家中做客，雕塑家瑙姆·加博（Naum Gabo）就是他们的座上宾。随着陶艺家伯纳德·里奇（Bernard Leach）、抽象画家威廉明娜·巴恩斯-格雷厄姆（Wilhelmina Barns-Graham）等现代艺术家的加入，圣艾夫斯很快就成为一个创意中心。在这里，艺术家们满怀激情，极富冒险精神，就像在科学或哲学上取得突破一样。他们正步入一个全新的世界，发现和创造纯粹的抽象艺术。

芭芭拉从她的花园可以看到圣艾夫斯美丽的浅海湾和广阔的海洋。岬角以西，海岸线变得崎岖而荒凉。更远的地方，沼泽地上布满了花岗岩和史前巨石。芭芭拉善于捕捉人体与自然的关系，雕塑中的抽象形态常常取自山峦、流水、浮云和大海。她的雕塑不是记录风景，而是表达山川风物的气息和感觉。

1932年，芭芭拉第一次在雕塑上凿了一个洞。透过这个洞，她一眼望穿背后的风景。雕塑融入了自然，同时又容纳了自然，它不再与风景各自独立，而是彼此映衬，相得益彰。这绝对是一种全新的尝试，甚至可以说是一种全新的语言。

就这样，芭芭拉对"内"与"外"的概念越来越着迷，她打算把雕塑立在山坡上，让人透过它去看远方的海。她构想了无数种形状，让人与之互动。她开始制作木雕，并在上面添加纵横交错的琴弦，使其看起来像某种优雅的乐器，静静地等人来弹奏。

20世纪50年代，芭芭拉已经成为艺术界的新星，是现代艺术进程中不可被忽略的雕塑家。1965年，她被授予"英国女爵士"称号，作品在世界各地展出，受到全球瞩目。她的雕塑作品让人感到亲切，有些小到可以放在手心，有些大到和双层大巴一样高。"当我置身于风景，我感觉自己被拥抱，安全而温暖。"芭芭拉说，"我希望人们在观看和触摸我的雕塑时，也有同样的感觉。"

《夜空》，1964年

Hannah Höch

汉娜·霍克

我从未停止探索照片的广阔可能性，
就像运用色彩，或者像诗人使用文字那样自然。

汉娜·霍克

在最前沿

苹果树开花了，树枝一直伸到汉娜房子的外墙上。汉娜打开窗户，欣喜地嗅着花香。到了秋天，苹果树总是果实累累，树枝被压得直不起身。如果有人来造访，必须弯腰低头穿过交错伸展的树枝才能到达汉娜的门前。在这安静又隐秘的房子里，汉娜可以毫无顾忌地创造任何一种她想要的艺术。

为什么要把自己藏在这里？因为外面不安全。汉娜是如此与众不同，她激进的艺术并不被人理解。当时，随着希特勒纳粹党在德国日益壮大，像汉娜这样的艺术家处境越来越危险，他们可能被逮捕或者更糟。汉娜的许多朋友都逃出了德国，但她决定留下来。她在柏林郊区买下了这栋小别墅，把自己和朋友们的画作都藏在里面。这些作品幸存至今，可供我们追忆和纪念。

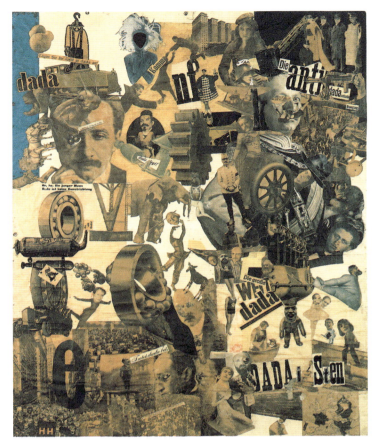

《用达达菜刀做的拼贴》，1919 年

现在，我们回望一下第二次世界大战之前的艺术界。那时，汉娜是达达主义运动中先锋实验艺术团体"达达派"唯一的女艺术家。达达主义运动是一场波及艺术、诗歌和戏剧领域的反叛运动。汉娜和她的同伴们创作艺术作品并不是为了让人们挂在墙上观赏，而是为了挑衅和惹怒观众，让他们震惊、错愕，从而改变对正常事物的看法。达达主义反对一切：反战争，反政治，反艺术。

"达达派"成员的作品非同寻常，它们混乱不堪、毫无逻辑、令人疑惑。他们故意胡言乱语，将生活中的各种平常物件拿来创作。有的成员拍短片，片子里的人穿着奇装异服；有的成员写诗，把无关的词语随机组合成句。汉娜觉得艺术必须表达些什么，不管是用意味深长的方式还是用幽默的方式。她认为，女性完全可以在厨房以外的领域有所作为，无论是成为艺术家还是职场白领。

　　汉娜·霍克是在她朋友——艺术家拉乌尔·豪斯曼（Raoul Hausmann）的介绍下进入达达艺术家团体的。1918 年，他们俩在一起度假时，汉娜偶然发现了一些德国士兵寄给家人的照片。照片上，德国士兵们的脸被拼贴在火枪手的身体上。汉娜很快意识到，当图像被剪切和重新组合后会产生完全不一样的效果。由于是女孩，汉娜当时不被允许学习美术专业，只能退而求其次选择玻璃设计专业。学习之余，她通过为一家女性杂志撰写文章和设计刺绣图案来谋生。设计图案和制作拼贴画的过程很像，都是先有一个大致的设计想法，然后将不同形状的图片重新组合。

　　她开始裁剪、拼贴报纸和杂志上的照片，创造出超现实的、耐人寻味的新图像，这在后来被人们称为"照片蒙太奇"。

汉娜·霍克用这种方式质疑寻常之物，并以此嘲笑政治家和国家领导人："看吧，战争是多么荒谬！"她还借此挑战社会对女性的偏见，提出"在现代社会，女性应有怎样的社会地位"和"美到底是什么"等尖锐问题。

汉娜在艺术上做出的革新绝不逊色于其他达达派成员，然而她作为唯一的女性成员，在刚开始时并没有被大家接纳。在筹备第一次达达主义展览时，其他成员甚至都没打算让她参加。幸亏拉乌尔威胁说要将自己的作品撤出展览，汉娜才得以参展。达达派成员中有很多自负的大男子主义者，他们无视汉娜的才华和思想，认为她不过是个有点天赋的业余艺术爱好者。

是金子总会发光。汉娜后来的影响力远超这些男人。1922 年，达达派解散，汉娜就在那苹果树后的小屋里继续用蒙太奇手法进行先锋艺术实验，直到局势允许，作品才得以展出。汉娜从未想过要出名，她唯一的目标就是改变人们思考的方式。在汉娜·霍克的一生中，欣赏她的人可能并不多，但是她为新的艺术理念开辟了道路，启发了后来的年轻艺术家们。

Tove Jansson

托芙·扬松

没经历过恐惧的人，怎么会真正勇敢？

托芙·扬松
鲜活的艺术

海像女巫的锅一样黑，雷声像大炮一样隆隆作响。托芙一家把小船拖上岸——它险些迷失在风暴里。风还在呼啸，帐篷也被吹得歪七扭八，人们几乎听不到彼此的说话声。这一家人快乐地碰杯，放声大笑，在那儿一直待了五天。托芙后来回忆说，那是她人生中最无忧无虑的一段时光。

托芙·扬松就是在这么一个无拘无束的家庭里培养了冒险精神和想象力。父亲维克托（Viktor）是一名喜欢暴风雨天气的雕塑家，母亲西格内·哈马斯腾－扬松（Signe Hammarsten-Jansson）则是一位喜欢骑马和步枪的著名平面设计师。父母都鼓励托芙做她爱做的事，成为她想成为的人。

一年大部分时间里，托芙一家都住在芬兰首都赫尔辛基的一间破旧的工作室里。那里充满了湿石膏、黏土、鲜花和饭菜的味道。他们在一起画画、雕刻、弹奏乐器和讲故事，要是搞起聚会来，可以玩上好几天。如果你也在现场，一定能感受到这一家子的奇特之处。你会看到研读哲学的保姆阿姨，因太过兴奋打碎玻璃杯的音乐家，噢，还有穿着天鹅绒夹克和菱形花纹毛衣、爱听收音机的猴子波波利诺。

夏天来临时，一家人会到佩灵厄群岛上去，这是他们家族几代人延续下来的传统。在那里，父亲常常埋头创作他的雕塑；母亲则忙于画线描画。在没有父母陪玩的大段时光里，托芙常常是孩子中的向导，带着大家四处玩耍。他们总能在很小的事物上发现乐趣，比如在池塘边欣赏树的倒影，玩池塘里的漂浮物和垃圾。

那时候，托芙对做东西总是充满热情，要么用珍珠贝壳装饰花坛，要么把野生蘑菇摆成花的形状……她还在岛上创造了她的第一个漫画形象"姆明"（Moomin）。姆明是一个长相奇特、身材圆鼓鼓的小动物，长着一个大鼻子，有点像童话里的河马。托芙把它画在厕所的外墙上，逗大家开心。那时候没人会想到，这个小东西有一天会闻名世界。

《抽象的海》，1963 年

父母曾说，托芙在会走路之前就会画画了。还在蹒跚学步时，她常常看母亲作画，一看就是几个小时。之后，她会效仿母亲在纸上涂鸦。13岁时，她的画第一次登上杂志；19岁时，她的第一本故事书面世。

托芙先后在瑞典、芬兰赫尔辛基和法国巴黎学习艺术，她喜爱印象派和野兽派，尤其是亨利·马蒂斯的作品。她擅长画自画像和风景，其强有力的线条和充满活力的笔触极富现代感。

1939年，托芙返回芬兰，也是在那一年，第二次世界大战爆发。她的弟弟佩尔·奥洛夫（Per Olov）奔赴战场。全家人都提心吊胆，不知道他何时才能归家。情感细腻的托芙把当时自己内心的恐惧和焦虑都倾注在作品中。

托芙从15岁起就开始为文学杂志《加姆》供稿，创作了一系列希特勒和斯大林的讽刺漫画。第二次世界大战期间，外国军队入侵，芬兰人奋起抵抗。在那种时局下，太直白地表达观点会有生命危险。于是，托芙想象并创作了一个平行世界的故事——幸福的姆明一家——当突如其来的大洪水打破他们原本平静的生活时，一家人被迫离开了美丽的姆明谷。

故事里，每个人的性格特点都很鲜明。姆明爸爸和托芙的父亲很像，喜欢冒险；姆明妈妈的形象则源自托芙的母亲，是个温柔、从容、善良的人。至于姆明自己，当然就像托芙本人了。而那个娇小、独立又厉害的亚美呢？她代表着托芙的另一面，可以大胆说出托芙在现实生活中很想说但说不出口的话。姆明谷则代表所有美丽的岛屿。

在写故事的同时，托芙还继续画画。她为赫尔辛基市绘制了漂亮的巨幅壁画，其中包括宗教祭坛画。另外，她还举办了个人画展。1952年，在她出版的两本书获得良好反响后，《伦敦晚报》找到了她，问她是否愿意将姆明的故事画成连环画。

那段时间，托芙过得有点拮据，画画的花销很大，她甚至不得不出售她的画来换取取暖燃料。所以，当面对这样的好机会时她便欣然接受了。不久，她的连环画就随《伦敦晚报》发行到了全世界。"姆明"成了人见人爱的漫画明星，光是读者就有1200万！就这样，创作姆明连环画成了托芙最重要的工作。她每天的生活都被工作所占据，除了不断创作新的故事，还要亲自回复来自世界各地粉丝们的数千封信。

很长一段时间，托芙都很苦恼，她被自己创造出来的姆明困住了，没时间画自己想画的油画，也没时间享受岛屿和自然风光，直到同为艺术家的杜里吉·比埃蒂拉（Tuulikki Pietilä）像阳光一样出现在她的生命里。

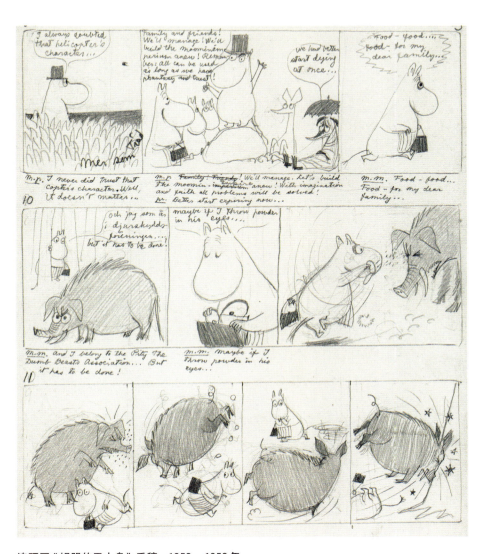

连环画《姆明的无人岛》手稿，1953—1959 年

　　在20世纪50年代的芬兰，一个女人爱上另一个女人是不被允许的。不过在岛上可没有那些成规，托芙和杜里吉自由地生活和恋爱。起初，她们用浮木搭建了一间小屋，但后来小屋被卷入海里，她们又在格劳乌哈如岛（Klovharu）上建了一座更坚固的房子。岛上虽然没有自来水和电，但两人每年夏天还是会到那里度假。就这样，她们相伴走过了近30个年头。

托芙已经离开了这个世界，但至今，所有芬兰人和全球的读者仍然思念着她。托芙告诉我们：要勇敢，要互相欣赏，爱你身边的人；要跳舞，要头戴鲜花，永远生活在和平之中。

Frida Kahlo

弗里达·卡罗

我从来没画过梦境，我画的是自己的生活。

弗里达·卡罗

真实的肖像

　　舞台准备就绪，观众安静了下来。大幕拉开，小提琴、长笛和双簧管开始演奏，歌剧开场的美妙旋律充满整个剧院。突然间，一个声音惊动了乐队，演奏戛然而止，所有目光都转向了包厢。一点儿不错，是她来了。浓密的辫子上缀满鲜花，漂亮的双眼正像她佩戴的珠宝一样闪闪发亮。她典雅又端庄，宛若女王。观众们屏住呼吸，静静地等她坐下来。演奏重新开始。那一晚，两场好戏同时上演：舞台上的歌剧和包厢里的弗里达·卡罗。

　　弗里达的家——"蓝房子"——里里外外都是蓝色，里头养了猴子、鹦鹉和一只小鹿，还有一大片肆意生长的植物。至于花园，更是五彩斑斓。屋里的墙上挂着墨西哥民间艺术和一些通常是挂在教堂里的宗教画，描绘了病人们奇迹般被治愈的故事。如果弗里达身上的伤也能像他们一样被治愈就好了。

《墨西哥和美国边界线上的自画像》，1932 年

《有猴子的自画像》, 1938 年

弗里达·卡罗从6岁起就饱受小儿麻痹症的折磨。卧床9个月后，她的右腿萎缩得像稻草一样细弱。病情慢慢好转后，她的父亲鼓励她做一些类似摔跤、踢足球的运动，弗里达因此渐渐强壮起来。男孩能做的事，弗里达都能做，她还喜欢和男孩一样穿西装，打领带。即便被人们用异样的眼光看待，她也毫不在乎。

弗里达是第一批进入墨西哥预科学校的女学生之一。她结识了一群朋友，大多数是男孩，他们聪明又顽皮。有一次，几个男孩觉得老师上课太无聊，竟然把一头驴牵进了教室。玩笑无伤大雅，弗里达笑得开心极了! 上学的时候，她并没有想成为艺术家，而是想成为医生。她在学校学习了很多医学和动植物学知识，尤其对动物和植物身上复杂的细节感兴趣，这些都体现在她后来的作品中。

18岁时，弗里达遭遇了一场意外。那天她像往常一样从学校出来，正要上公共汽车，一辆电车撞了上来。很多人在那场事故中死亡。金属扶手穿过弗里达的身体，导致多处骨骼断裂。她倒在地上，身上撒满了车上一名乘客携带的原本用来装饰新国家剧院的金箔纸。人们以为弗里达死了，没人相信她伤成那样还能活下来。

事故发生后的一年里，弗里达都是在病床上度过的。她的母亲在她床头放了一面镜子，她的摄影师父亲则把摄影设备借给她学习，还在床边为她做了一

个画架。此后，绘画成了弗里达排遣无聊的一种方式。她开始对着镜子画自己，很快便沉迷其中，借此消解痛苦。

她看到什么就画什么，常常把她心爱的宠物也画进去。这些画色彩明艳，富有张力，震撼人心。不得不说，那次车祸使弗里达凤凰涅槃般重生，进入了精彩绝伦的艺术世界。

弗里达恢复行走能力后，她把几张画拿给墨西哥著名的画家迭戈·里维拉（Diego Rivera）看。里维拉曾在巴黎旅居多年，毕加索等大艺术家都是他的好友。弗里达的才华令他深深折服。在他看来，这些画作和弗里达一样让人着迷。

那时的墨西哥刚刚经历完 10 年的战争和革命，正值创造力迸发时期，全国上下都在颂扬墨西哥现代艺术、电影和摄影。像迭戈·里维拉这样的天才人物，都在为构建新的、充满活力的墨西哥国家形象而努力。弗里达也想加入他们。迭戈的作品是大型的，常常围绕宏大的政治主题展开；而弗里达的画是小型的、类型多样且更具个人化。

弗里达和迭戈相爱、结婚，他们钦佩对方的才华，但两人性格上又有很多不相容的地方。他们的婚姻危机四伏、千疮百孔，但两人还是一如既往地支持对方的工作。20世纪30年代末，他们搬到美国，在那里名声大噪。弗里达和很多大艺术家、政治流亡者、哲学家成了朋友。她在纽约、巴黎举办展览，成了那个时代出镜率最高的人物之一。有些人认为她的画属于超现实主义风格，融合了真实与幻想的奇异图景，但弗里达说自己画的就是现实。她从不回避个人情感和生活，通过画作表达内心的痛苦。

弗里达在一生中做过许多次手术，身体一天不如一天。她背部很脆弱，必须靠金属和皮革的紧身胸衣支撑，或者缠上石膏。然而，她从来没有被病魔打垮。她向世人证明：即使身体残疾，也可以活得精彩。弗里达喜欢头戴鲜花，身穿五颜六色的墨西哥传统服装，这些都能帮她掩盖不完美的躯体。让我们回到故事开头的一幕：弗里达凝视着舞台，尽管身上有多处病痛，但她仍然微笑着。在她身上，我们看到了人类伟大的精神力量。

Corita Kent

科丽塔·肯特

我们当中并不是所有人都是画家，但我们都可以称为艺术家。
我们把东西组合在一起时，就是一次创作。

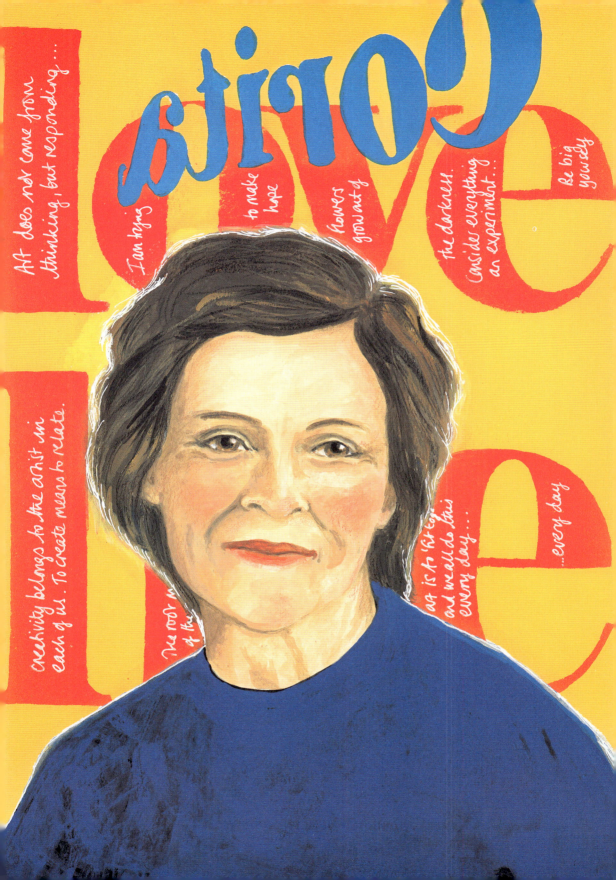

科丽塔·肯特
倾注真心的波普艺术

好莱坞的停车场脏乱而忙碌，柏油路面散发着热气，小轿车和卡车隆隆驶过，齿轮转动着，喇叭嘀嘀叫着。红绿灯变灯时，音乐从打开的车窗里飘了出来。那位叛逆的修女正站在嘈杂的人群中，穿着一身黑白长袍。她仰望着五彩缤纷的霓虹灯，对一切充满了好奇。

艺术家们能在任何地方找到灵感。对有些人来说，挤满了商品广告和店铺招牌的城市街道是丑陋的，但在科丽塔修女看来却充满吸引力。

科丽塔·肯特18岁时成为一名修女。她出生于艾奥瓦州的一个天主教大家庭，本名为弗朗西斯·伊丽莎白·肯特。对这样的家庭来说，宗教是至关重要的。1936年，科丽塔完成学业并加入洛杉矶的圣母无玷圣心书院，并为自己选了一个新名字——玛丽·科丽塔。大家都叫她科丽塔修女。

《一条路》，1967年

　　成为修女是科丽塔人生中一项重大决定。在 20 世纪 30 年代，修女意味着要放弃本名、身份、思想自由、爱情和个性，还要穿传统的修女服，只能露出脸和手，并发誓要对教会及其领袖绝对忠诚。

不过，圣母无玷圣心书院的修女们颇具开拓精神，勇于尝试新事物。20世纪 50 年代，该书院就因具有前瞻精神而受到赞誉。1962 年，天主教会最高领袖——教皇约翰二十三世颁布法令，呼吁教会要走向现代化。科丽塔和其他修女认为这正是一次表达自己的机会。

　　同年，科丽塔参观了著名艺术家安迪·沃霍尔的展览。那时，她已经是一名美术教师了，对丝网印刷技术也有所了解，然而当看到安迪·沃霍尔的作品《金宝汤罐头》时，她大为震惊。她回忆说："回家后，我看每样东西都像安迪·沃霍尔的艺术。"第二天，她便开始投入一系列新的创作中。从此，科丽塔渐渐从一名普通教师变成著名的艺术家。

　　科丽塔的版画充满想象力，用色大胆、对比强烈。她用广告标语、歌词、日常用语、《圣经》故事、书中名言等内容创作出富有活力的艺术作品，表达了自己对贫困、战争、种族主义和社会不公问题的心声。她既是艺术家，也是社会活动家。她的作品传达了我们如何生活以及如何互相爱护的信息，是倾注了真心的波普艺术。科丽塔说："我希望我的作品可以振奋人心，让人们发现更多生活的乐趣。"

除了教书和创作版画，她还创作公共艺术作品，比如为1964—1965年纽约世界博览会的梵蒂冈展馆绘制壁画。她还组织了各种社会活动，把人们聚在一起，享受艺术的乐趣。她的版画被印在海报和贺卡上，人们可以方便地在教堂、社区中心、集市、美术馆和商店买到。

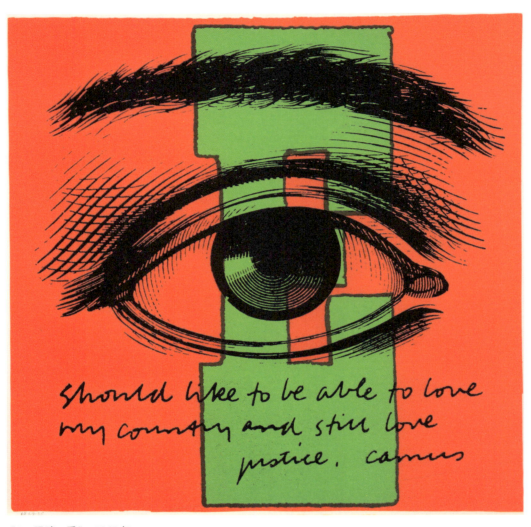

《E, 眼睛, 爱》, 1968年

不过，并不是每个人都欣赏科丽塔的艺术。教会的一些人认为她的画过于时髦和大胆。他们因科丽塔的名气感到不安，他们认为，修女应该生活在安静的环境中。于是，科丽塔被要求停止创作这类博人眼球的艺术作品。

科丽塔对这些批评一笑了之，但面对上级的命令以及教学的压力，她不得不按下暂停键。科丽塔在成年之后的绝大多数时间都生活在圣母无玷圣心书院，但最终她还是决定离开那里，专注自己的艺术创作。

尽管科丽塔始终没能拥有像某些著名男波普艺术家那样的地位，但她还是对世界产生了巨大影响。她被人们誉为"现代修女"，登上国际杂志封面。1985年，美国邮政局还发行了她的爱情邮票，销售量高达7亿。对科丽塔来说，不管别人怎么看，做快乐的自己最重要。正如她经常对学生说的，"切莫自卑，要大胆地活出自我"。

Emily Kame Kngwarreye
埃米莉·卡梅·肯华雷耶

世界上的一切都是我要画的。

埃米莉·卡梅·肯华雷耶

在梦境中

埃米莉·卡梅·肯华雷耶最喜欢把一排排颜料罐摆在身边，一边哼着小曲，一边用短粗的笔刷在巨大的画布上涂抹着。颜料在画布上蜿蜒流淌，有些地方看上去像树枝或树根。埃米莉说，她的作品表达了她生活的土地。

在澳大利亚北部，气候干燥，有时候几年不下一滴雨，地面都开裂了。土著居民安马泰尔人在这样的环境中安然地生存着，他们几百代人都是在这里生活的。他们知道植物如何生长，知道怎样找到地下美味的山药根。他们在祖先的故事里学习到这些东西。这里就是埃米莉的家。

埃米莉不知道自己是哪年出生的，不过这对她来说也不重要。等她老了，她就会成为族群的长老，成为那个讲故事的人。

　　埃米莉很早就会用沙画记录祖先的故事。妇女们举行祭典仪式时，她受托在她们身上画图案。不过要说埃米莉第一次正式画油画，已经是她快80岁的时候了。你可能觉得太晚了，但埃米莉觉得时机正好。在那之前她先学习了蜡染，也就是用热蜡和染料在织物上作画。不过，她很讨厌蜡的味道。因此，当人们把油画颜料和画布带到她所在的部落时，她比任何人都要兴奋。

　　对于原住民来说，祖先的故事解释了神灵如何创造土地和土地上的一切。埃米莉将这些故事画下来时，就好像重现了整个宇宙，从天上的星河到我们看不见的细胞。

《大山药》，1996 年

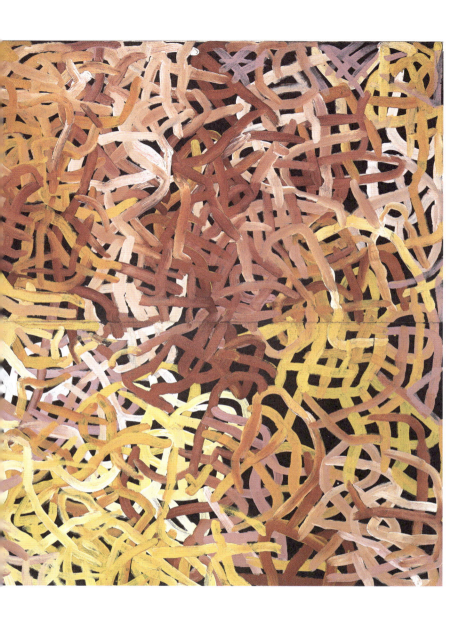

她创造了种子、植物和土壤，塑造了绵延的巨大沙丘。在他们的语言里，大沙丘叫"乌图鲁帕"，也被译为"乌托邦"，意思是"完美的地方"。

　　埃米莉的艺术灵感在她身体里自自然然地流淌着，关于她自己，关于她喜爱的一切，所有古老而睿智的思想都从她的心底倾泻而出，挥洒在画布上。她一笔接着一笔，堆叠起一层又一层的颜色。当静静看着这些画时，你会感觉自己融入画境。

尽管埃米莉已经是部落中最年长的人了，可她依然活力满满。8年里，她画了近3000幅画，有些画大得比两个人摞起来都高。

有些人觉得埃米莉的画有克劳德·莫奈和杰克逊·波洛克的影子，但实际上埃米莉从没看过他们的作品，她画的只是亲眼看见的和梦见的东西。如今，虽然她已经是澳大利亚最著名的土著艺术家了，但她仍旧过着传统的原住民生活，与族人们分享赚来的钱。

埃米莉还是会去野外采集食物，比如种子、野果、幼虫和蜂蜜。她喜欢躺在广阔的沙漠中，看无边无际的天空，感受大地的呼吸，向祖先低声絮语。然后，她开始做梦，梦见自己飞过原野，梦见蜥蜴、鸸鹋、神性的草地以及被沙漠上的微风吹散了一地的种子。

在梦里，埃米莉想象自己顺着山药曲折蜿蜒的根，溜到地底下。山药是神圣的，它们一头长在地下，另一头伸出地面，仿佛把大地和神灵连在一起。她做梦，然后将所有的梦都画下来。

Yayoi Kusama
草间弥生

我为疗愈所有人而创作。

草间弥生

宇宙里的一个波点

阳光透过窗户照射进来，外面的城市刚刚苏醒，而东京的街道已经热闹起来，每个人都在急匆匆地追赶时间。不过，草间弥生不是他们当中的一员。这个繁华而忙碌的大城市是她的避难所，她在这里创作艺术。她的工作室就在医院附近，在她看来，艺术不仅是她喜欢做的事情，更是一种良药。

如今，草间弥生的艺术闻名世界，但她艺术事业的起步却是相当艰辛的。幼年时，草间弥生就爱上了画画，但她母亲思想守旧，并不支持女儿成为艺术家的梦想。她只希望女儿有一天找个有钱人嫁了，本本分分地做一名家庭主妇。母亲拿走了她的墨水，撕毁了她的画，但这反而让她坚定了自己的信念。

长大后，草间弥生给美国女艺术家乔治亚·欧姬芙写信，寻求她的建议。欧姬芙回信道，不论在何处，艺术生涯都会遭遇重重困难，但她愿意为草间弥生提供帮助。草间弥生备受鼓舞，她把画装进行李箱，把钱缝在衣服内衬中，便离开日本，前往美国。

《编号F》，1959年

那是在 1958 年，草间弥生第一次来到纽约。她登上帝国大夏的顶层，从上面往下看，所有人都犹如一个小点儿。她立下宏愿：总有一天要成为艺术家。她知道自己一定会成功，因为她感到体内有一座活火山，岩浆一样的创造力正喷薄而出。

草间弥生找了一间小工作室，把旧门改造成一张床。她带的一点点钱，基本都花在了画材上。食物吃完了，她就从垃圾桶里捡一些烂菜叶子和鱼头，做成汤勉强喝下去。有一些绝望的时刻，她又冷又饿，难以入睡，但她总能想办法生活下去。

她开始在黑色的画布上画由无数圆点和重复图案组成的白色线圈，她称之为"无限的网"。她一刻不停地画，从日出到日暮，有时直至半夜。"网"没有中心，也没有透视。当她作画时，那些线与色块似乎爬出了画布，蔓延到地上、墙上。那些图案让人迷失其中。草间弥生沉浸在对浩瀚宇宙的无尽想象中，努力测量着它的广度，探寻自己的位置。

那时候，纽约是世界艺术的中心。安迪·沃霍尔、唐纳德·贾德等艺术家创造了全新的艺术形式，比如以漫画和广告为灵感的波普艺术，以及主张"艺术并不代表任何东西"的极简主义艺术。然而，尽管艺术界正在发生如此激荡人心的变化，占主导的艺术家仍然是男性。对一个年轻的日本女艺术家来说，要出人头地实在是难上加难。

20世纪60年代，时尚、音乐、艺术领域的新风潮为草间弥生提供了新的灵感：她做了一件小艇雕塑，里面装满了形状很像阴茎的抱枕；她用干通心粉做衣服，赤身裸体拍照；她骑着一匹身上涂满波点的马在公园里转悠；在某次行为艺术中，人们在街上脱掉衣服跳舞，而她在这些人身上画波点。

为什么草间弥生会如此钟情于波点呢？或许这要归因于她的童年。100 年来，草间弥生的家族一直经营着一个种植园，草间弥生就是在那里长大的。10岁的一天，草间弥生正在家附近散步，突然发现每朵紫罗兰都长着一张像人一样的脸，而且都似乎在跟她对话。然后，她就看到了一些不知道从哪里冒出来的波点和图案。这些波点仿佛顿时有了生命，充盈在天地间，覆盖了一切。草间弥生的艺术，就是在不断记录、回味这些不可思议的经历和神秘的幻觉。

草间弥生夜以继日地创作，高负荷的工作量使她疲惫不堪。虽然她在美国的知名度越来越高，但频频出现的精神问题开始让她备受困扰。1973 年，她回到日本住院治疗。通过艺术疗法，她意识到自己可以将幻觉以及对幻觉的恐惧转化为创作的动力。她觉得自己可以创造一种环境，让观者沉浸在她的艺术和内心世界中。

她的"无限镜屋"吸引了成千上万的人前来参观。在那里，空间变得永无止境，人们会觉得自己只是茫茫宇宙中的一个小点。

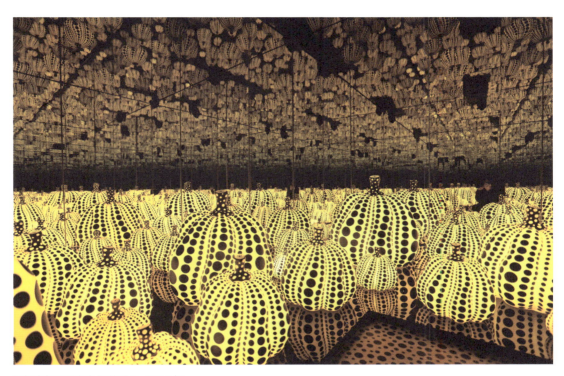

《我对南瓜所有永恒的爱》，2016 年

Gabriele Münter

加布里埃尔·穆特

我画画时，就好像突然跳进深不见底的水里，
我甚至不知道自己会不会游泳。

加布里埃尔·穆特

蓝色风景

加布里埃尔一遍又一遍地设想着她最害怕发生的事：士兵们砰砰地砸着她家的门，开门后她会看到他们可怕的目光，他们将她推开，踹翻家具，然后粗暴地搜查——他们当然什么也找不到。最后他们离开了，只留下惊魂未定的她和满屋狼藉。每每想到这些场面，她的双手都颤抖不已。

加布里埃尔在艺术上投注了巨大的激情，然而她的画却面临着被摧毁的危险。德国当时的执权者要是觉得哪幅画不是他们想要的样子，就会把它烧了。但是加布里埃尔拒绝迎合任何人，也从未想过因为别人的目光而改变自己的绘画方式，即便她正生活在随时都可能被突袭的恐惧中。

加布里埃尔在很小的时候就开始画画，然而她并不敢想象自己有朝一日能成为艺术家。当时的德国，美术学院只招收男生。不过，加布里埃尔的父亲很支持她画画，他认为每个人都应该享有平等的权利，女孩也应该做她们想做的事。然而，父亲却在她9岁时去世了。之后，妈妈继续培养女儿画画，她请来技艺高超的艺术家恩斯特·博施（Ernst Bosch）来当女儿的老师。但加布里埃尔却备感压抑，因为她在课上只能学到如何精细地描绘农场丰收的景象。

在加布里埃尔21岁时，母亲也去世了。1898年，她和姐姐一起去了美国。在那里，一位亲戚送给她一台柯达相机，她欣喜若狂。很快，她便掌握了拍摄要领，用相机捕捉快乐。是的，那台相机改变了她的一切。

1902年，加布里埃尔遇到了正在慕尼黑创设"方阵"艺术家俱乐部的艺术家康定斯基。他鼓励加布里埃尔自由创作，并说："我能做的就是保护你的才华，不让它染上杂质。"

康定斯基教加布里埃尔怎样在绘画中运用颜色，他说："红色是有活力的，绿色是平静的，黄色是令人兴奋的。"他还让她多使用调色刀，因为那样可以快速涂抹颜色，达到更好的效果。加布里埃尔迫不及待地想画得更多、画得更快。

他们两人结伴到巴伐利亚山上画画，畅聊艺术、爱情和政治。他们共同组建前卫艺术家团体——"青骑士社"，主张创造新的艺术，用与众不同的、更能触动人心的方式表达自己。他们抨击充满了贪婪和放纵的资本主义社会，宣扬自己对世界的理解以及对真理的认识。他们认为美的本质应该是简单而纯粹的。可以说，他们表达反叛的方式安静而巧妙，他们的作品震惊了那些习惯于欣赏宏大、华丽和平庸艺术的人。

加布里埃尔后来曾这样回忆她在巴伐利亚度过的时光：那是一个温暖的夏夜，我独自一人在散步，野花打着盹儿，昆虫叽叽喳喳地叫个不停。前方有一个小客栈，客栈的后面延伸出一条小径，就是在那儿，我看见远处缓缓升起一座蓝色的山，与泛红的云彩互吻。我赶紧把那个转瞬即逝的美景画了下来，我心潮激荡，仿佛一只高歌的鸟儿。

《斯德哥尔摩五月的夜晚》，1916 年

《蓝色的湖》，1934 年

在那幅画里，加布里埃尔利用不同层次的色彩创造出特别的视觉效果。明亮的颜色和简单的形状仿佛是发自她内心的、无所顾忌的美妙歌声。她把那幅画命名为《蓝色的山》(*The Blue Mountain*，1909年)。那一刻，她找到了自己的艺术之声。

随着第一次世界大战的爆发，康定斯基被迫离开德国，回国继续创作。当第二次世界大战爆发时，加布里埃尔担心康定斯基和"青骑士社"成员的作品被毁坏，于是把它们都藏在了自己家，即使要冒着被逮捕的危险。

这些画作一直被好好保存着，直到安全才重见天日。至于加布里埃尔，她在多年后重拾画笔。她创作了许多充满活力的风景画，并尝试了现实主义绘画、抽象画、民间绘画和肖像画。对她来说，艺术就是一种探索世界、表达自我的方式，让心灵自由歌唱。

Georgia O'Keeffe

乔治亚·欧姬芙

我用色彩和形状来表达我无法用语言表达的东西。

乔治亚·欧姬芙
现代主义之母

这里是美国新墨西哥州。乔治亚·欧姬芙嘴角含笑，她站在"黑之地"上（距新墨西哥州阿比奎乌郊区约240千米处），看岩石如波浪般奔流，晦暗而阴沉。在她眼里，这片人迹罕至的美景是如此壮丽，岩石并不是纯黑色的，而是夹杂着铁锈色、紫色和灰色。她日复一日地画着这里的风景，不知疲倦。

很小的时候，乔治亚就想成为艺术家，威斯康星州高中的老师们给了她许多鼓励。她的美术老师是一个瘦弱但眼睛明亮的女人，总是戴着同一顶帽子，帽子上装饰着假的紫罗兰花。多年后，乔治亚还记得她的老师是如何带她观察这些花的，她详细讲解了花的颜色：深沉的泥土色、绛红色、紫色，以及无穷无尽的绿色。

乔治亚以前从来没有如此认真地观察过一样东西，在这个过程中，她突然很想将这些花儿都画下来。从那时起，她就开始仔细观察事物的细节，然后在画里重现。

《夏日》，1936 年

《曼陀罗花种子/白色花朵1号》，1932年

1905 年，乔治亚前往芝加哥艺术学院学习，毕业后在南卡罗来纳州和得克萨斯州教书。那里天气严酷，夏天烈日炎炎，冬天寒风刺骨。但她爱上了那儿荒凉的风景，大自然的野性震颤着她的心。

创作的欲望从未消退，乔治亚想做一些与教书完全不同的事：她做了一项实验，即禁止自己用颜料画画。她坐在房间的地板上，尝试只用炭笔表达情绪。她日复一日地练习，在经历了几个月的挫折之后，她终于开了窍，感受到一种新的自由。她的画充满了抽象的形状，使人联想到跳跃的火焰、初生的嫩芽……

1912 年暑假，在弗吉尼亚大学修习期间，阿瑟·韦斯利·道（Arthur Wesley Dow）的变革思想引起了乔治亚的兴趣。阿瑟鼓励艺术家自由表达，他认为艺术应该成为每个人日常生活中的鲜活力量，而不仅是少数人的装饰品。受到阿瑟的启发，乔治亚决定开展新的艺术实验。

她开始画花，但并非按照其他画家们的方式去画。"就某种意义而言，没有谁真正看到一朵花，它是如此渺小，我们又没有时间——观察需要时间，正如交友。"她说，"我希望那些匆忙的纽约人会在我的画前停下来，好好看一看花是什么样的。"

在巨幅画布上，乔治亚把花画得很大，将花的脆弱和美丽完全展现在观众面前。批评家们对此困惑不已，因为和同代的画家相比，她是如此与众不同。

起初，人们不知该如何评价乔治亚和她的艺术。那时候，年轻的她已经卓然而立，眼睛清澈，似乎能看穿人心。她爱穿黑色，常戴一顶男式毡帽。1916年，她把一些画寄给了一位朋友，这位朋友把画偷偷地拿给著名摄影师艾尔弗雷德·施蒂格利茨（Alfred Stieglitz）看。艾尔弗雷德非常喜欢，把它们展示在他纽约的画廊里。一段极富创造性的合作关系由此展开，当然还有两人的爱情。

20世纪20年代，乔治亚已成为世界上最受尊敬的艺术家之一。她很高兴自己获得成功，但是她无法忍受城市的喧闹，应付不了一场场画廊开幕式和聚会。她最后还是选择回到宁静的大自然，与画架和颜料相伴。

20世纪30年代，乔治亚在新墨西哥州阿比奎乌郊区买下了一座名为"幽灵"的破旧农庄，距其约240千米处就是"黑之地"，那是她最爱画画的地方。

无论狂风骤雨还是高温酷热，乔治亚都坚持创作。她在"黑之地"画了大量杰作，那些作品启发了世界各地的艺术家。人们称乔治亚·欧姬芙为"美国现代主义艺术之母"，以赞颂她大胆的绘画风格。

　　新墨西哥州的一切都让乔治亚深深着迷。她擅于发现别人容易忽略的事物，比如老墙上的一扇门或一朵垂着头的花儿。有时，她把粉色和白色的小花系在牛头骨的角上，或者把一些巨大的骨头摆在一起，让它们成为广阔沙漠中、辽远天空下的一种自然景物。在有些人看来，这些东西很可怕甚至令人厌恶，但在她眼里，这些东西都是美好的。

　　"当艺术家需要勇气，"乔治亚说，"我常感觉自己像在刀刃上行走……即便如此，我也愿意再走一遍，我要做真正想做的事。"

Lyubov Popova
柳博芙·波波娃

最重要的就是在创作中体现精神。

柳博芙·波波娃
描绘未来

"马上就要革命了!"回家的路上,柳博芙听见人们低声谈论着。这事她知道,朋友们已经说了好几个月。"没错!"一进屋,她就大笑着喊道,"是啊,马上就要革命了,那将是一个多么美妙的新世界!"

对柳博芙·波波娃和她的朋友们来说,1917年的俄国十月革命不仅关系着谁是下一任领袖,还意味着新生活的到来。俄国将要实现人人平等,一切都不一样了,想想吧!农场、工厂属于工人自己,去看医生和上学都不用自己花钱,所有人都能欣赏艺术和戏剧,女性艺术家和男性艺术家一样受到尊敬……这还只是开始。俄国沙皇将被推翻,取而代之的是新的政党。

《太空力量建构》，1920—1921年

1914 年，柳博芙在法国和意大利旅行时接触到立体主义与未来主义：立体主义用几何图形解析形象，未来主义赞颂新技术、机器和速度。这些理念给她带来了很大启发。

回到俄国后，她开始进行艺术探索，并在 1916 年加入了"至上主义"小组 —— 一个由卡济米尔·马列维奇（Kazimir Malevich）领导的前卫艺术家组织。柳博芙渴望表现周遭发生的翻天覆地的变化，她笔下的人物和静物仿佛由三维积木拼搭而成，给人一种活力无限之感，看她的画就像通过万花筒看世界一样。

像柳博芙这样的前卫女艺术家，还有瓦尔瓦拉·斯捷潘诺娃（Varvara Stepanova）和纳塔莉亚·冈萨雷斯洛娃（Natalia Goncharova）等人。她们才华横溢，不遗余力地发出自己的声音。她们的作品与欧洲其他国家著名艺术家的画一同展出，颇受尊崇。她们常常在柳博芙的家里聚会，彻夜畅谈。

◀《建筑绘画》，1917 年

她们相信，这场革命将促使艺术彻底变革，同时改变艺术在世界上的地位，而她们正是中坚力量。她们全身心地投入到海报设计、壁画绘制等工作中，支持并憧憬着新的工业革命和平等的未来世界。

　　在柳博芙和她的伙伴们看来，在画架上作画的时代马上就要结束了。她们面前有一条新路：画家不再待在各自的画室里闷头创作，而是与建筑师、设计师以及人民领袖一起工作。

　　她们认为，艺术应该是实用的，是所有人都能买得起的；艺术家应以创作实用之物为己任，制造纺织品、陶瓷，设计书籍封面、舞台布景……这场艺术运动就是"俄国构成主义"，柳博芙是这场运动的核心人物。

《1号工人制服》，1921年 ▶

Faith Ringgold

费思·林戈尔德

要得到梦想的东西，就万万不能妥协。
我的梦想，就是成为艺术家。

费思·林戈尔德

缝合历史

人们把这里称为"沥青海滩"，它可不是你脑海中的那种寻常海滩，而是一个坚硬的黑屋顶，散发出温热、黏腻的沥青味道。从这儿往远处眺望，能看到成群的摩天大楼、桥梁和公寓楼，再往下看，一拨又一拨的出租车和小汽车在红绿灯下停停走走。

在费思眼里，纽约黑人住宅区的屋顶就像世界上任何一个海滩一样美妙，是个做梦的好地方。小时候，在温暖的夏夜里，费思和其他孩子一起躺在屋顶的床垫上，凝望这个金光闪闪的城市，看乔治·华盛顿大桥的灯光，他们的父母则围坐在绿色的旧桌子旁打牌。那时，他们觉得自己所向披靡，一切皆有可能。他们梦见自己会飞，飞过所有障碍物，伸手就能摸到像雨点般落在身旁的星星。

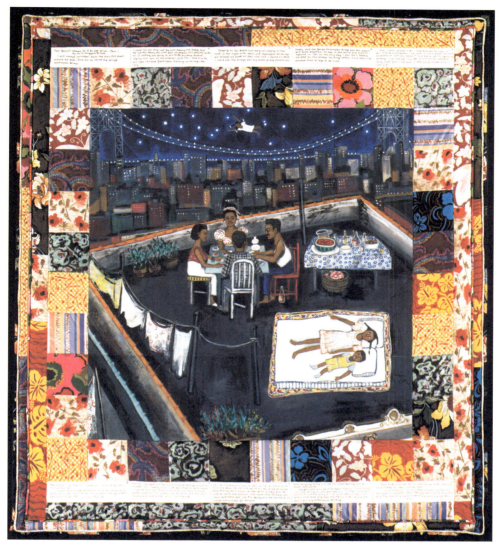

《沥青海滩》（桥上的女人系列），1988 年

　　20 世纪 30 年代，美国遭遇了严重的经济大萧条，食物所剩无几，人们生活艰难。但即使这样，费思一家也其乐融融。

费思的妈妈威利·波西（Willi Posey）是一名服装设计师，爸爸安德鲁（Andrew）总是有讲不完的故事。家里客人很多，大家常常坐在铺满碎布条的沙发上边喝茶边聊天。

费思很早就展露出艺术天分，她对什么都充满好奇。因为患有哮喘，不能经常去学校，她就和妈妈待在家里，写写画画。有一次，她被一群争相走出地铁站的男孩吸引住了，便偷偷跟随他们，发现原来他们都是城市大学的学生。费思便跟妈妈说："我以后也想上大学，我想学艺术。"妈妈同意了。

长大后，费思得知城市大学只招收男生。不过，她总能找到解决问题的办法。经过多次自荐，校长终于同意她作为学院唯一的女生进校，并把她培养成美术老师。正如费思所说，她被允许学艺术，但不能成为艺术家。

当然，费思后来到底还是成了艺术家。然而不管她多优秀，仍受制于非裔女性的身份。几个世纪以来，非裔美国人并不能享有与美国白人同等的权利，虽然民权运动使他们得到了更公平的对待，但艺术界却依然由白人男性艺术家主导。有一次，费思听说一场在惠特尼美术馆举办的大型画展竟无一位非裔艺术家参加，她愤愤不平。

于是她想出了一个计划：和朋友们一起带着口哨去看画展，趁工作人员不注意时就吹响口哨。因为他们分散在展厅各处，美术馆里的哨音很快就震耳欲聋，策展人简直要疯了。抗议在某种程度上奏效了，一些非裔艺术家接到了与策展人会面的邀请，不过只限男性，女性再次被排除了。显然，非裔女艺术家要想获得重视，还有很长的路要走。

　　费思的画富有力量，直面人心，可那时候没人愿意收藏这种作品。她自问：什么样的艺术可以使女性艺术区别于男性艺术？

　　费思发现，其实自己一直都在被各种形式的女性艺术所包围。在她的家族，针线活始终是女人生活的重要组成部分，从费思的曾曾曾祖母起就是如此。曾曾曾祖母是一位黑奴，为了给家人带去温暖，她学会了做被子。这项传统手工艺一代代地经母亲传授给女儿，现在，正是轮到她的时候。在母亲的帮助下，费思制作了第一件艺术棉被。在那之后，她创作的棉被作品越来越多。

《阿尔勒的向日葵拼布棉被》，1996 年

对费思来说，缝被子既是对家族女性生命历程的某种追溯，也是她所开创的一种新的艺术形式。被子想做多大就可以做多大，只要卷起来便能方便地拿到各地画廊里展出。也就是说，用一个箱子就能装下整个展览品。结果，之前那些对她的作品完全不感兴趣的人，也开始注意到她的才华了。从某种程度上说，是棉被这种特殊的载体让她的艺术得到了更好的展示。

口哨抗议事件整整50年后，惠特尼美术馆终于将费思的一幅版画纳入馆藏。她在美国产生了广泛的影响，很多著名画廊和博物馆都开始收藏她的棉被，连美国总统家里也挂了她的作品，纽约地铁站还用她的马赛克画装饰墙面。

费思一直在努力改变现状。她不仅创造了新的艺术语言，还编写了很多儿童读物，并设立了一个叫"每个人都可以飞"（Anyone Can Fly）的基金会，致力于向公众普及非裔艺术家的成就。她创建的名为"我们身在何方"（Where We At）的组织鼓励黑人女艺术家找到她们自己的艺术风格。"你不能干坐着等别人来评说你是谁，"她说，"你要去写、去画、去做，这就是艺术的来源，也是艺术的力量。"

Amrita Sher-Gil

阿姆丽塔·谢尔-吉尔

艺术不是我的职业，它就是我自己。

阳光的颜色

阿姆丽塔·谢尔-吉尔

人们步行穿过村庄，尘土飞扬，被太阳晒着的大地升腾起热气，给万物镀上了一层光晕。阿姆丽塔·谢尔-吉尔就这样回到了萨拉亚镇，这很自然，她在巴黎读书时就常盼望回到印度。在她的印象里，欧洲的天总是灰蒙蒙的，让人感到压抑。但在印度，光线能与她对话。

阿姆丽塔总是那么朝气蓬勃，张扬着生命的力量。而她的画宁静、柔软，展现了她的另一面。有人认为她的画很悲伤，但其实她并不想表达什么伤感情绪，只是想画下她所见的现实。

在印度农村勤劳的人身上，有一种品质深深打动着阿姆丽塔。她深入到这些人生活中的各个角落，感受他们的日常和私人情感。

《三个女孩》，1935年 ▶

102

阿姆丽塔笔下的世界与她本人的优越生活相差十万八千里。她出生在匈牙利首都布达佩斯，8岁移居印度，在优越的环境中长大。母亲是一位匈牙利歌剧演唱家，父亲是一位来自印度北部的锡克教信徒，同时也是一位贵族和大摄影师。他们的家装潢典雅，往来朋友众多。阿姆丽塔5岁起就开始学画，经常把母亲讲述的民间故事画下来。家人相信她将来一定能成为画家。16岁时，阿姆丽塔前往法国巴黎，在那里最好的学校学画。

阿姆丽塔不仅天赋异禀，而且比常人勤勉刻苦，她把姐妹、表亲和朋友都画了个遍。在巴黎求学的第三年，她成为第一位获得巴黎大沙龙展（Paris' Grand Salon）金奖的亚洲女画家，这是对她莫大的肯定。可是阿姆丽塔却心事重重，她觉得印度文化是自我身份认同的重要组成部分，却没能体现在她的画里。于是她决定回到印度，继续拓展艺术的宽度。

当时，印度艺术大多以描绘风景或传统神话为主，到印度参访的西方艺术家只能看到印度殖民文化优越的一面——大象、丝绸和表面的光鲜。在印度深造期间，阿姆丽塔颇受孟加拉国艺术学校的启发。他们以发展印度本土文化为己任，抵制英国殖民统治。1936年，她走遍了整个国家，拜访了许多村民，并把他们的日常生活画了下来。

阿姆丽塔将她在巴黎学到的油画技巧与印度本土艺术中的鲜艳色彩相结合，那一刻，她对色彩强烈的渴望得到了满足。"在欧洲，一切都是苍白的。白人的肤色和印度人的肤色不一样，在阳光下，白人的影子是蓝紫色的，印度人的影子是金绿色的，而我的影子是黄色的。"她说，"有人告诉凡·高，黄色是众神最喜欢的颜色，我想他是对的。"

就这样，阿姆丽塔逐渐形成了自己的风格。她的画很美，令人难以忘怀。她喜欢画骆驼、车夫、仆人、原始部落里的妇女和正在照顾孩子的女人。通过她的画，你能感受到印度人生活中的私密时刻。她说："我想成为人们生活的讲解员，尤其是穷苦人的讲解员。"她确实实现了这个愿望。

Alma Thomas
阿尔玛·托马斯

没有色彩的世界是死气沉沉的，色彩就是生命。

阿尔玛·托马斯

颜色的领地

房间一角，电视机的屏幕闪烁着，一大群人挤在狭小的房间里，要是你端起一杯冰茶，手肘必定会碰到旁人。在这附近方圆几里，电视机稀缺得很，大家都想来见证这个伟大的历史时刻，与亲人们分享喜悦。

1969年7月20日，美国"阿波罗11号"宇宙飞船在倒计时声结束后顺利发射升空。在这之前，每个人都对此期待已久。那一刻，升空的火箭在阿尔玛的眼睛里燃起了火焰，她的心情如飞一般快活。从那之后，阿尔玛的内心久久都无法平静。未来，她将用艺术再现这一激动人心的时刻。

《窥探：日落覆盖的地球》，1970 年

阿尔玛出生在马和马车的时代，她自己是这样说的，那时莱特兄弟还没有发明出飞机。她在佐治亚州哥伦布市长大，饱受美国南方腹地施行的种族隔离政策之苦。那是在19世纪90年代，黑人拥有的权利很有限：不能参加选举，不能去白人孩子的学校就读，不能进白人的餐馆、医院，甚至不能用白人的浴室和饮水机……压抑和恐惧充斥着阿尔玛的整个童年。15岁那年，阿尔玛全家移居华盛顿，远离了艰苦的生活。

　　阿尔玛头脑灵活，擅长数学，一直梦想成为建筑师。然而在1921年，霍华德大学的詹姆斯·赫林（James Herring）教授找到她，劝说她选择新艺术系，阿尔玛就这样成了新艺术系的第一拨学生。毕业后，她当了美术老师，很受孩子们的欢迎，因为她总是亲切友善，富有创造力。在职期间，她抽不出太多时间来创作自己的作品，直到退休后才全身心投入作画。在艺术家朋友洛伊丝·梅卢·琼斯（Loïs Mailou Jones）的鼓励下，阿尔玛开始尝试现代抽象艺术，那年她69岁。

在阿尔玛的艺术世界里，色彩意味着一切。我们可以从她的作品中看到传统文化的影响，比如古老的马赛克和棉被制作工艺，还可以看到马蒂斯和康定斯基彩色拼贴画的影子。此外，阿尔玛与华盛顿色彩学派的艺术家们联系紧密，这些人在色域绘画（color-field painting）的影响下，以在巨幅画布上平涂色彩而闻名。阿尔玛的作品与众不同，她常常会想象自己从不同的视角看事物，比如从空中观赏花园，或者抬头仰望星空，然后用精心设计的笔触来表达喜悦之情。

阿尔玛的艺术成就，使她成为女性、非裔美国人以及老年艺术家群体中的榜样人物。1972 年，她在纽约惠特尼美术馆举办个展，这对非裔美国女性艺术家们来说尚属首次。吉米·卡特总统曾邀请她到白宫做客。2009 年，她的两幅画被米歇尔·奥巴马选中，挂在白宫里。

她常常在餐桌上作画，旧罐子里塞满了笔刷，桌子上胡乱堆着颜料管和画纸。1970 年，她用鲜红色、橙色和黄色创作了《窥探：日落覆盖的地球》，再现了那个美妙的日子：全世界的目光都凝望着天空，阿尔玛看到了生命、进步和人类无限的可能性，脸上露出了欣慰的笑容。

Suzanne Valadon
苏珊·瓦拉东

我找到自己，成就自己。

苏珊·瓦拉东

生命如斯

有一种特别的人，她们的出现会叫你屏息凝视，她们如生命中的舞者，让你怦然心动……苏珊就是这样的人，她不仅拥有美丽的容颜，还拥有与任何人建立起信任的能力，不管是大街上的流浪汉，还是上流阶层和名门望族。从外表看，她很脆弱，而实际上，她很坚强。

苏珊·瓦拉东在巴黎蒙马特的街头长大，她不知道自己的父亲是谁，母亲靠洗衣服维持生计。10岁时，苏珊就开始打零工养活自己，她卖过菜，当过餐厅服务员，做过帽子和葬礼花圈。后来她还加入了一个马戏团，当时她只有15岁。苏珊在马戏团干得棒极了，她能轻松地表演走钢丝。但不幸的是，有一回她摔伤了背部，杂技生涯就这样结束了。

《玛丽·科卡和她的女儿吉尔贝特》，1913 年

19世纪80年代，很多画家都住在蒙马特区，这些人苏珊几乎全认识。在这些画家的邀请下，她很快成为一名全职模特。巴黎最著名的艺术家都画过她，比如皮埃尔·奥古斯特·雷诺阿、贝尔特·莫里索和亨利·德·图卢兹-劳特累克。

◄《莱维女士》，1922年

117

苏珊很喜欢艺术，聪明且好学。在画室当模特的时候，她认真看大画家们如何作画，然后开始效仿他们。在色彩的使用上，她自成一派。没受过正式训练的苏珊很快就成为一个自学成才的画家。印象派画家德加看到她的作品时竟激动地流下眼泪，震惊地说："姑娘，真有你的！你应该成为我们当中的一员！"德加买下苏珊的三幅画，并担任起她的导师。

苏珊对绘画的热情使她很快取得了成功。1894 年，苏珊进入法国美术家协会，成为第一位女艺术家成员。要知道，进入美术家协会可是法国艺术界最看重的殊荣。

苏珊主要画裸体和肖像，但她画的人物与男人画的不同。她画的女性没有特意摆姿势，外表也不华美，她们大多来自工人阶级。苏珊用粗大的笔触、硬朗的黑色轮廓线代替了传统的墨水和水彩。有人说苏珊的画没有女人味，不讨人喜欢，但他们不知道苏珊画的恰恰是其他艺术家所回避的东西，即生活的真实。苏珊的艺术就像她本人一样诚实而直接。

第一次世界大战后，苏珊名声大噪，她的作品在全世界展出，很多著名的美术馆都收藏了她的画，比如巴黎蓬皮杜艺术中心、纽约大都会艺术博物馆等。

苏珊的私人生活和她的艺术一样引人注目。她与著名画家和作曲家都谈过恋爱，还养了猫和山羊。她会在周末给猫喂鱼子酱，给山羊喂她不要的画稿。她还用胡萝卜做成胸花，逗朋友们开心。

苏珊是在作画时去世的，巴黎的大艺术家们都来参加她的葬礼。不可否认，她是一位伟大的艺术家，拥有自由的灵魂。苏珊的传奇人生，表明了不论人来自何方，不论处境多难，都可以成为想成为的人。

艺术家简介

肯胡克·阿什瓦克

1927—2013 年

加拿大

肯胡克·阿什瓦克是因纽特现代艺术的开创者，她从部落与自然中汲取创作灵感。她的《迷人的猫头鹰》已成为加拿大因纽特艺术中最知名的作品。她参与创建的艺术工作室，为许多因纽特艺术家寻得了出路。

芭芭拉·赫普沃斯

1903—1975 年

英国

芭芭拉·赫普沃斯是英国最重要的现代艺术家之一。她从人物和英国风景中受到启发，创作了由木头、石头和青铜制成的前卫雕塑。一生中，她被委托创作了许多公共艺术作品。有两家博物馆专门展出她的作品。

汉娜·霍克
1889—1978 年
德国

艺术家汉娜·霍克是 20 世纪 20 年代达达主义运动的唯一女性成员。她用杂志和报纸上的剪报制作的蒙太奇照片极富创意，与当时主流的现实主义艺术截然不同，通过艺术为女性发声。

托芙·扬松
1914—2001 年
芬兰

托芙·扬松是画家、插画师和作家，凭借"姆明"这一漫画形象闻名于世。她十几岁时就开始为政治杂志绘制讽刺漫画。虽然她最爱的仍然是油画，但她把最主要的精力都放在创作"姆明"连环画和儿童图书上，因为它们实在是太受欢迎了。

弗里达·卡罗
1907—1954 年
墨西哥

画家弗里达·卡罗是 20 世纪最重要的艺术家之一，也是第一批专门关注女性、描绘女性特殊经历的艺术家之一。她的自画像因真实展现墨西哥人的特征而广受赞誉。

科丽塔·肯特
1918—1986 年
美国

科丽塔·肯特是艺术家、教师，也是社会公平的拥护者。18 岁时，她成为一名天主教修女，之后在天主教学校任教，成为艺术系的系主任。她从流行文化中获得灵感，用充满活力的丝网版画表达出对希望和平等的期盼。

埃米莉·卡梅·肯华雷耶
1910—1996 年
澳大利亚

埃米莉·卡梅·肯华雷耶是澳大利亚最杰出的
艺术家之一。1977 年，她和同伴们学习了蜡
染技法。1988 年，她接触了油画，在那之后
的 8 年里，她勤奋地创作出 3000 多幅作品，
直至去世。

草间弥生
生于 1929 年
日本

草间弥生是全球最受欢迎的当代艺术家之一。
她出生于日本，20 世纪 50 年代末搬到纽约，
艺术事业在纽约起步和发展，人们将她推崇
为先锋画家和行为艺术家。草间弥生的作品
包括绘画、装置、雕塑、电影和行为艺术。

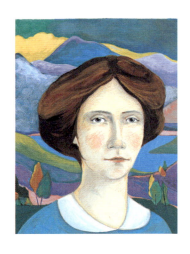

加布里埃尔·穆特

1877—1962 年

德国

加布里埃尔·穆特和瓦西里·康定斯基都是"青骑士社"的创始成员。穆特对表现主义绘画发展产生了很大的影响，提倡用色彩表达丰富的情感而非描摹现实。她对鲜亮色彩和轮廓线的使用别具一格，在当时看来非常大胆。

乔治亚·欧姬芙

1887—1986 年

美国

乔治亚·欧姬芙是美国最重要的艺术家之一，被誉为"美国现代主义艺术之母"，也是第一批创作抽象画的美国画家之一。她笔下的花朵、骨骼、新墨西哥州的荒漠风景并非描摹现实，而是她情感的表达。

柳博芙·波波娃

1889—1924 年

俄国

柳博芙·波波娃是俄国构成主义艺术运动的核心成员，她的抽象画由几何图形组成，颇具动感。1917 年俄国十月革命后，波波娃全身心投入到日常用品的设计工作上，比如纺织品、服装、海报和书籍等，这些用品可以大规模生产，让普通大众受益。她 35 岁时英年早逝。

费思·林戈尔德

生于 1930 年

美国

费斯·林戈尔德是一位屡获殊荣的美国艺术家。她的创作方式多种多样，包括绘画、棉被制作、雕塑和行为艺术。在整个职业生涯中，她一直在为种族和性别平等而奋斗，她的努力也让其他有色人种的艺术家获得了认可。

阿姆丽塔·谢尔–吉尔
1913—1941年
匈牙利、印度

阿姆丽塔·谢尔–吉尔的父亲是印度锡克教徒，母亲是匈牙利人。在短暂的人生中，阿姆丽塔来往于印度和欧洲两地。她将在巴黎艺术学校学到的绘画技巧与传统印度艺术相结合，用现代视角描绘了印度乡村生活。去世时，阿姆丽塔年仅28岁。

阿尔玛·托马斯
1891—1978年
美国

阿尔玛·托马斯是美术老师和艺术家。退休后，她专注创作并形成了自己标志性的绘画风格，她喜欢将颜料厚涂来创造充满活力的色彩。1972年，她成为第一位在纽约惠特尼博物馆举办个展的非裔美国女艺术家。

苏珊·瓦拉东
1865—1938 年
法国

苏珊·瓦拉东是法国美术家协会的第一位女性成员，这个协会是最能代表法国当代艺术的组织。瓦拉东在做模特期间，经德加、劳特累克等艺术家指点开始学画。她独具风格的作品表现的是自然状态下的女性，而不是刻意摆姿势的女性。

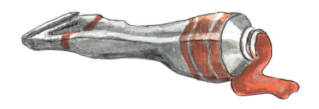

127

术语表

抽象艺术：一种不描绘现实，而是用形状、线条和色彩来表达观念的艺术。

阿莫提：加拿大北部因纽特妇女穿的皮袍，背部缝有育儿袋，用来背婴儿。

贴布绣：一种装饰刺绣，将不同形状、图案的布料缝或粘在较大的一块布料上组成新的画面。

前卫：形容全新的、超前于时代的观念、人物或艺术作品。

蜡染：把熔化的蜡涂在织物上，然后染色，制成图案。

画布：紧紧绷在画框上用于作画的结实布面。

讽刺漫画：夸大人物形象，有滑稽效果的漫画。

炭笔：用烧焦的木头制成的画笔。

拼贴：一种艺术创作方法，把从不同材料上剪切下来的碎片重新组合拼接成新的画面。

构成主义：1917 年俄国十月革命之后兴起的艺术运动。参与运动的艺术家、建筑师和设计师都将艺术视为创造新的平等社会的一和方式。

立体主义：20 世纪早期兴起于巴黎的艺术运动，主要特征是把从不同角度看到的形态杂糅组合成一个新形象，应用于绘画和雕塑创作。

达达主义运动：一场起源于瑞士的激进艺术运动。达达艺术家们对第一次世界大战的暴力感到震惊。作为回应，他们创作了油画、拼贴画、诗歌和表演，这些作品幽默而荒谬。

画架：作画时起支撑作用的木架子。

湿壁画：在墙壁或天花板的灰泥未干时直接用油彩在_面作的画。

未来主义: 20 世纪初始于意大利的一场艺术运动。未来主义者抛弃过去并热烈迎接现代世界的新技术。

金箔: 很薄的金片，艺术家用它作画、装饰房间或剧院。

经济大萧条: 美国 1929 年爆发的一场非常严重的经济危机，波及全世界。很多人失去工作，没钱购买食物、支付账单，生活举步维艰。

印象主义: 19 世纪法国的一场艺术运动。印象派画家努力描绘对风景的瞬时印象，而不只是复制它。

风景画: 以风景或乡村景观为内容的绘画。

极简主义: 抽象艺术的一种，不试图表现任何东西。极简主义发展于 20 世纪60 年代的美国，通常基于几何图形。

现代主义: 20 世纪对世界影响深远的一系列艺术运动，不再遵循传统，而转为探寻生命之真实。

壁画: 直接绘制在墙面上的巨幅画作。

透视: 一种绘画方法。通过制造纵深的错觉，使二维画面看起来像是立体的。

凤凰: 一种神话中的鸟，在烧成灰烬后仍能重生。有时也用来指独一无二的非凡人物。

照片蒙太奇: 将不同的照片剪切、交叠和重新排列，制造新的图像。

波普艺术: 二十世纪五六十年代在英美盛行的艺术运动。波普艺术家从广告、电影和喜剧中获得灵感，进行创作。

肖像画: 描绘或表现真实人物形象的画。

印刷: 利用压力将图片、记号或文字转印到纸或织物上。比如石版画，先在石板上雕刻，然后在上面涂上薄薄的墨水，再把纸按压上去，图案就留在了纸上。

兽皮帐篷：加拿大北部因纽特家庭的居所。

祭坛画：在金属饰板上绘制的宗教图像，在墨西哥的教堂中很常见。

革命：给政府和社会造成巨大变化的一场突如其来的运动，比如俄国十月革命、墨西哥革命等；也指文化、科技等其他领域中的重要变革。

沙龙：法国巴黎皇家绘画与雕塑学院的官方艺术展，也泛指探讨艺术与文化的聚会。

雕塑：用石头、黏土或石膏等材料制作的三维造型。

自画像：艺术家给自己画的肖像画。

速写：一种快速绘画。画家有时需要在正式创作前画一些速写，作为铺垫。

静物画：描绘花卉、水果、日常用品等静态物体的绘画。

超现实主义：20世纪早期始于欧洲的艺术运动。超现实主义艺术家常常描绘梦境或基于现实而想象的奇异景象。

致 谢

感谢泰晤士＆哈德森出版社的安娜·里德利和索菲娅·汤普森，感谢编辑哈丽雅特·伯金肖和设计师贝琳达·韦伯斯特，他们使本书的故事和插图活灵活现。感谢纽林学院（Newlyn School）的亨利和萨莎·加菲特带领我入门，让我得以向那些了不起的艺术家学习。感谢皮帕·贝斯特和皮帕·利利，在你们的鼓励下我受益良多。有你们在，每个周一的早晨都更令人期待。感谢马丁、凯特和其他朋友，谢谢你们一直以来的支持。

亲爱的读者，我知道你们就是怀揣梦想且有创造力的下一代艺术家，我迫不及待地想看看你们会创造出什么样的奇迹。我要把拥抱和永恒的敬意献给我的母亲 —— 玛丽，这一切都是因为有你的爱和支持。你提醒了我，是时候让心灵深处的艺术家登场了。我还要把爱和感谢献给我的丈夫休和我们的女儿内尔，你们都很棒，和你们在一起时我感到一切皆有可能。最后，我想对内尔说：我在你身上看到了想象力的灿烂火花，所以我想用这本书激发你表达自己。我在这些女性的故事中获得了力量，希望你和你的朋友们也能从中受到启发。

参考书目

肯胡克·阿什瓦克

Boyd Ryan, Leslie. *Cape Dorset Prints, a Retrospective*. Portland: Pomegranate, 2007.

Leoux, Odette and Jackson, *Marion E. Inuit Women Artists: Voices from Cape Dorset*. Toronto, Douglas & McIntyre, 1996.

芭芭拉·赫普沃斯

Bowness, Alan. *Barbara Hepworth: Drawings from a Sculptor's Landscape*. London: Adams & Mackay, 1967.

Bowness, Sophie. *Barbara Hepworth: Writings and Conversations*. New York: Harry N. Abrams, 2016.

汉娜·霍克

Höch, Hannah. *Catalogue foreword to Hannah Höch's first solo exhibition at the Kunstzaal De Bron*, The Hague, 1929.

托芙·扬松

Jansson, Tove. *Moomin: The Complete Tove Jansson Comic Strip*, Vol.1. Montreal: Drawn & Quarterly, 2006.

Karjalainen, Tuula. *Tove Jansson: Work and Love*. London: Particular Books, 2014.

弗里达·卡罗

Herrera, Hayden. *Frida: A Biography of Frida Kahlo*. New York: Perrenial, 1983.

科丽塔·肯特

Ault, Julie. Come Alive! *The Spirited Art of Sister Corita*. London: Four Corners Books, 2006.

Dackerman, Susan and Roberts, Jennifer L. *Corita Kent and the Language of Pop*. Yale: Yale University Press, 2015.

埃米莉·卡梅·肯华雷耶

Neale, Margo. Origins, *Utopia: The Genius of Emily Kame Kngwarreye*. Canberra: National Museum of Australia Press, 2008.

草间弥生

Kusama, Yayoi. *Infinity Net: The Autobiography of Yayoi Kusama*. London: Tate Publishing, 2013.

Turner, Grady T. *Yayoi Kusama interview*. New York: BOMB Magazine, 1999.

加布里埃尔·穆特

Heller, Reinhold. *Gabriele Münter: the years of expressionism, 1903—1920*. New

York: Prestel, 1997.
Jansen, Isabelle. *Gabriele Münter: Painting to the Point*. London: Prestel, 2017.

乔治亚·欧姬芙

O'Keeffe, Georgia. *Georgia O'Keeffe*. New York: The Viking Press, 1976.
O'Keeffe, Georgia. *Some Memories of Drawings*. New York: University of New Mexico Press, 1976.
O'Keeffe, Georgia; Hoffman, Katherine. *An Enduring Spirit: the Art of Georgia O'Keeffe*. New Jersey: Scarecrow Press, 1984.

柳博芙·波波娃

Hutton, Marcelline. *Remarkable Russian Women in Pictures, Prose and Poetry*. Nebraska: Zea Books, 2014.

费思·林戈尔德

Glueck, Grace. *An Artist Who Turns Cloth into Social Commentary*. New York: New York Times, 1984.
Ringgold, Faith; Withers, Josephine. *Faith Ringgold: Art*. Washington D.C.: Feminist Studies, Vol. 6, No.1 Spring, 1980.

阿姆丽塔·谢尔-吉尔

Dalmia, Yashodhara. *Amrita Sher-Gil: A Life*. London: Penguin, 2013.
Mitter, Partha. *The Triumph of Modernism: India's Artists and the Avant-garde 1922-1947*. London: Reaktion Books, 2007.

阿尔玛·托马斯

Foresta, Merry A. *A Life in Art: Alma Thomas 1897—1978*. Washington D.C.: National Museum of American Art Smithsonian, 1981.

苏珊·瓦拉东

Rosinsky, Thérèse D. *Suzanne Valadon*. New York: Universe Publishing, 1994.
Hewitt, Catherine. *Renoir's Dancer: The Secret Life of Suzanne Valadon*. London: Icon Books, 2017.

艺术作品列表

Photo Bridgeman Images © Emily Kame Kngwarreye/ Copyright Agency. Licensed by DACS 2019

第69页
草间弥生,《编号F》,1959年
布面油画,105.4厘米×132.1厘米
收藏于美国纽约现代艺术博物馆,锡德·R. 巴斯基金会
Photo The Museum of Modern Art, New York/ Scala, Florence. © Yayoi Kusama

第73页
草间弥生,《我对南瓜所有永恒的爱》,2016年
装置,综合媒介
© Yayoi Kusama

第79页
加布里埃尔·穆特,《斯德哥尔摩五月的夜晚》,1916年
布面油画,60.6厘米×45.4厘米
私人收藏
Photo © Christie's Images / Bridgeman Images. © DACS 2019

第80页
加布里埃尔·穆特,《蓝色的湖》,1934年
布面油画,50厘米×65厘米
收藏于奥地利林兹伦托斯艺术博物馆
© DACS 2019

第85页
乔治亚·欧姬芙,《夏日》,1936年
布面油画,91.8厘米×76.5厘米
收藏于美国纽约惠特尼美术馆,卡尔文·克莱恩捐赠
Photo © 2019 Digital image Whitney Museum of American Art / Licensed by Scala. © Georgia O'Keeffe Museum / DACS 2019

第86页
乔治亚·欧姬芙,《曼陀罗花种子/白色花朵1号》,1932年
布面油画,121.9厘米×101.6厘米
收藏于美国阿肯色州本顿维尔的水晶桥美国艺术博物馆
© Georgia O'Keeffe Museum / DACS 2019

第93页
柳博芙·波波娃,《太空力量建构》,1920—1921年
胶合板油彩、木屑,112.3厘米×112.5厘米
收藏于希腊塞萨洛尼基国立当代艺术博物馆

第94页
柳博芙·波波娃,《建筑绘画》,1917年
布面油画,83.8厘米×61.6厘米
收藏于洛杉矶郡艺术博物馆,以汉斯·G. M. 舒尔特海斯和大卫·E. 布赖特遗赠资金购入

第97页
柳博芙·波波娃,《1号工人制服》,1921年
纸面水粉,34厘米×21厘米

第101页
费思·林戈尔德,《沥青海滩》(桥上的女人系列),1988年
布面丙烯,镶有印花、彩绘、缝制和拼布的布边,189.5厘米×174厘米
收藏于美国纽约古根海姆博物馆
© Faith Ringgold / ARS, NY and DACS, London 2019

第104页
费思·林戈尔德,《阿尔勒的向日葵拼布棉被》,
1996年
彩色石板印刷,55.9厘米×76.2厘米,第60版
© Faith Ringgold / ARS, NY and DACS, London 2019

第109页
阿姆丽塔·谢尔-吉尔,《三个女孩》,1935年
布面油画,73.5厘米×99.5厘米
收藏于新德里国立现代艺术馆
Photo The Picture Art Collection / Alamy Stock Photo

第115页
阿尔玛·托马斯,《窥探:日落覆盖的地球》,
1970年
布面丙烯,121.6厘米×121.6厘米

收藏于美国华盛顿史密森尼美国艺术博物馆
Photo Smithsonian American Art Museum/Art
Resource/Scala, Florence

第121页
苏珊·瓦拉东,《玛丽·科卡和她的女儿吉尔贝
特》,1913年
布面油画,161厘米×130厘米

第122页
苏珊·瓦拉东,《莱维女士》,1922年
布面油画,92厘米×73厘米
收藏于法国康布雷艺术博物馆
Photo © Centre Pompidou, MNAM-CCI, Dist.
RMN-Grand Palais / image Centre Pompidou,
MNAM-CCI

关于作者

卡丽·赫伯特是作家、艺术家和插画家，作品在全球多地展出和出版，包括《星期日泰晤士报》《卫报》《地理学》《旅行者》。她在格陵兰长大，大学就读于埃克塞特艺术学院，现居住在英国康沃尔海边，为纽林艺术学院（Newlyn School of Art）撰写博客。她出版了多部关于探险、女性历史和视觉文化的书，和丈夫休·刘易斯–琼斯合著的《探险家的笔记本》成为全球畅销书。不去野外和密林探险时，卡丽·赫伯特一般都待在她漏雨的车库里专心创作。

图书在版编目（ＣＩＰ）数据

　　成为你自己 : 15 位世界杰出女艺术家 / (英) 卡丽
・赫伯特著 ; 孟彤译 . -- 北京 : 中国友谊出版公司，
2022.9

　　ISBN 978-7-5057-5521-5

　　Ⅰ . ①成… Ⅱ . ①卡… ②孟… Ⅲ . ①女性－艺术家
－生平事迹－世界 Ⅳ . ① K815.7

　　中国版本图书馆 CIP 数据核字 (2022) 第 110273 号

著作权合同登记号　图字 : 01-2022-4912

We Are Artists © 2019 Thames & Hudson Ltd, London
Text and original illustrations © 2019 Kari Herbert
Artwork reproductions see p.140
Edited by Harriet Birkinshaw
Designed by Belinda Webster
Art history consultancy by Laura Worsley and Cleo Roberts
Simplified Chinese translation copyright © 2022 by GINKGO (BEIJING) BOOK CO., LTD.
本书中文简体版权归属于银杏树下（北京）图书有限责任公司

书名	成为你自己：15位世界杰出女艺术家
作者	［英］卡丽・赫伯特
译者	孟　彤
出版	中国友谊出版公司
发行	中国友谊出版公司
经销	新华书店
印刷	北京利丰雅高长城印刷有限公司
规格	787×1092 毫米　16开
	9印张　50千字
版次	2022年9月第1版
印次	2022年9月第1次印刷
书号	ISBN 978-7-5057-5521-5
定价	72.00元
地址	北京市朝阳区西坝河南里17号楼
邮编	100028
电话	（010）64678009